MARKETING EN LA ERA DIGITAL

Guía para navegar en el futuro

Unai Mendizabal

CONTENTS

Title Page
Prólogo   4
La historia del marketing   5
El marketing mix: Las 4 P's del éxito   11
Segmentación del mercado y análisis del consumidor   14
Marketing digital: La nueva era del marketing   17
Marketing global: Alcanzando el mundo entero   30
Tendencias emergentes: El nuevo panorama del marketing   41
Habilidades para el marketing actual   54
Ética y responsabilidad social en el marketing   63
Ejemplos y casos de estudio   71

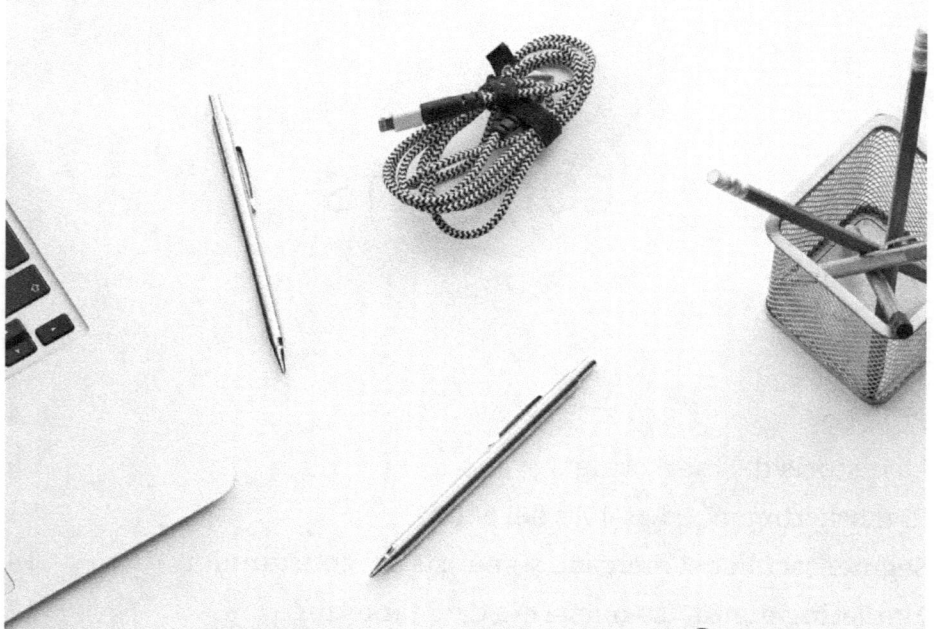

Marketing en la era digital

Guía para navegar el futuro

Unai Mendizabal

PRÓLOGO

Marketing
1. m. Conjunto de actividades que se llevan a cabo para dar a conocer un producto o servicio, o para estimular su demanda.
2. m. Técnica y estudio del mercado, que tiene como objetivo la satisfacción de las necesidades del consumidor mediante la creación, el desarrollo y la comercialización de productos y servicios.

Más allá de una simple definición, el marketing es un universo en constante expansión. Un baile armonioso entre arte y ciencia, donde la creatividad se une a la estrategia para conquistar corazones y mentes.

En este libro, nos embarcaremos en un viaje apasionante por las diferentes facetas del marketing. Exploraremos las claves para comprender a tu público objetivo, crear mensajes irresistibles, construir relaciones duraderas y convertir prospectos en clientes leales.

Descubrirás herramientas y estrategias para navegar por el cambiante panorama digital, aprovechar el poder de las redes sociales y convertirte en un maestro del storytelling.

Pero este libro no solo te proporcionará conocimientos teóricos. A través de ejemplos prácticos y casos de éxito, aprenderás de las mejores empresas del mundo y descubrirás cómo aplicar las estrategias más efectivas a tu propio negocio.

¿Estás preparado para convertirte en un maestro del marketing?

LA HISTORIA DEL MARKETING

Un viaje de miles de años

El marketing, aunque el término sea relativamente reciente, tiene una historia tan rica y antigua como el propio comercio. Desde las primeras civilizaciones hasta la era digital, veamos cómo ha evolucionado esta práctica.

El marketing, como la conocemos hoy, es un producto de la Revolución Industrial. Sin embargo, antes de este período crucial, existieron diversas formas de promoción y venta que sentaron las bases para su desarrollo posterior.

El marketing antes de la Revolución Industrial, recorrido histórico

Antigüedad: Desde la época de los faraones hasta el Imperio Romano, el comercio floreció y con él, las primeras estrategias de marketing. Se utilizaban pregoneros, anuncios en papiros o tablillas, y la organización de ferias para vender productos.
Edad Media: Los gremios medievales regulaban la calidad de los productos y se promocionaban a través de símbolos, nombres de calles y la participación en ferias. La calidad artesanal y el boca a boca eran claves para la reputación de un comerciante.
Renacimiento y Barroco: La imprenta de Gutenberg permitió la producción masiva de folletos, carteles y anuncios. El nacimiento del periodismo también contribuyó a la difusión de información

comercial.

Estrategias pre-industriales:

Promoción verbal: Los pregoneros anunciaban productos en las calles.
Muestras y demostraciones: Se permitía a los clientes probar productos antes de comprarlos.
Testimonios: Se utilizaban historias de clientes satisfechos para generar confianza.
Eventos especiales: Se organizaban ferias y festivales para vender productos y entretener al público.
Religión: Los templos y lugares sagrados también se usaban como espacios para la promoción comercial.

Limitaciones:

Acceso limitado a la información: La mayoría de la gente era analfabeta, lo que limitaba el alcance de las estrategias de marketing.
Falta de infraestructura: Las comunicaciones y el transporte eran lentos y costosos.
Barreras culturales: Las diferencias de idioma y costumbres dificultaban el comercio entre regiones.

A pesar de las limitaciones, el marketing pre-industrial sentó las bases para el desarrollo de esta práctica en las eras posteriores. Las técnicas y estrategias utilizadas por las antiguas civilizaciones, la Edad Media y el Renacimiento siguen siendo relevantes en la actualidad, aunque adaptadas a las nuevas tecnologías y formas de comunicación.

La Revolución Industrial marcaría un antes y un después en el marketing, con la producción en masa, la publicidad y el desarrollo de nuevas estrategias para llegar a un público más amplio.

El marketing en la época industrial: Un cambio radical

La Revolución Industrial (siglos XVIII y XIX) transformó el mundo, y el marketing no fue la excepción. La producción en masa, la aparición de nuevas tecnologías y el crecimiento de las ciudades dieron lugar a un nuevo panorama comercial que requería estrategias más sofisticadas para llegar a un público más amplio.

Cambios:

Producción en masa: La producción a gran escala permitió ofrecer productos a precios más accesibles, lo que a su vez generó una mayor demanda.
Nuevos medios de comunicación: La prensa, la radio y el cine permitieron difundir mensajes publicitarios a un público más amplio.
Nacimiento de las marcas: Las empresas comenzaron a crear marcas para diferenciar sus productos de la competencia.
Agencias de publicidad: Surgieron las primeras agencias de publicidad para ayudar a las empresas a desarrollar sus estrategias de marketing.

Mejoras:

Mayor alcance: Las nuevas estrategias de marketing permitieron llegar a un público más amplio y diverso.
Mayor eficiencia: La publicidad y la investigación de mercado permitieron a las empresas segmentar su público y optimizar sus campañas.
Mayor creatividad: El desarrollo de nuevas técnicas de marketing, como el storytelling y el branding, permitió a las empresas crear conexiones más fuertes con sus consumidores.

Ejemplos:

Sears and Roebuck: Esta empresa fue pionera en el uso de catálogos para vender productos a través del correo postal.
Coca-Cola: Esta marca es un ejemplo de cómo el branding y la publicidad pueden crear una conexión emocional con los consumidores.
Ford Motor Company: Esta empresa revolucionó la industria automotriz con la producción en masa del Ford T, un vehículo accesible para las masas.

La Revolución Industrial marcó un punto de inflexión en la historia del marketing. Las nuevas tecnologías, las estrategias innovadoras y la producción en masa transformaron la forma en que las empresas se comunicaban con sus consumidores.

En resumen, el marketing en la época industrial se caracterizó por:

Mayor alcance: Las nuevas estrategias de marketing permitieron llegar a un público más amplio y diverso.
Mayor eficiencia: La publicidad y la investigación de mercado permitieron a las empresas segmentar su público y optimizar sus campañas.
Mayor creatividad: El desarrollo de nuevas técnicas de marketing, como el storytelling y el branding, permitió a las empresas crear conexiones más fuertes con sus consumidores.

Estos cambios sentaron las bases para el marketing moderno, que continúa evolucionando en la era digital.

El marketing en la actualidad: Un mundo digital y globalizado

El marketing actual está en constante evolución, impulsado por las nuevas tecnologías, la globalización y las cambiantes necesidades de los consumidores. Las estrategias tradicionales se han adaptado a la era digital, donde la información es omnipresente y la interacción con los clientes es bidireccional.

Características del marketing actual:

Enfoque en el cliente: El marketing actual se centra en las necesidades, deseos y expectativas del cliente. Las empresas buscan comprender a sus clientes a fondo para ofrecerles productos y experiencias personalizadas.
Marketing digital: Internet y las tecnologías digitales han transformado el marketing. Las empresas utilizan una amplia gama de canales digitales, como las redes sociales, el correo electrónico, el marketing de contenidos y la publicidad online, para llegar a sus clientes.
Globalización: El marketing actual es global. Las empresas operan en mercados internacionales y necesitan adaptar sus estrategias a diferentes culturas y necesidades locales.
Big Data e inteligencia artificial: El análisis de datos y la inteligencia artificial se utilizan para comprender mejor a los clientes, segmentar el mercado y optimizar las campañas de marketing.

Marketing de influencers: Los influencers son figuras populares en las redes sociales que pueden ayudar a las empresas a llegar a un público más amplio y generar confianza.
Marketing experiencial: Las empresas buscan crear experiencias memorables para sus clientes a través de eventos, instalaciones y otras actividades.
Responsabilidad social: Los consumidores son cada vez más conscientes del impacto social y ambiental de las empresas. Las empresas necesitan integrar la responsabilidad social en sus estrategias de marketing.

Retos del marketing actual:

Saturación de información: Los consumidores están expuestos a una gran cantidad de información publicitaria, por lo que las empresas necesitan destacarse para captar su atención.
Competencia global: Las empresas compiten con empresas de todo el mundo, lo que exige estrategias más sofisticadas.
Cambios en los hábitos de consumo: Los consumidores son cada vez más exigentes y cambian sus hábitos de consumo con frecuencia.
Privacidad de datos: Las empresas necesitan ser transparentes en el uso de los datos de los clientes para proteger su privacidad.

El marketing actual es un campo complejo y dinámico que requiere una comprensión profunda de las nuevas tecnologías, las tendencias del mercado y las necesidades de los consumidores. Las empresas que se adapten a este nuevo entorno serán las que prosperen en el futuro.

En resumen, el marketing actual se caracteriza por:

Enfoque en el cliente: El marketing actual se centra en las necesidades, deseos y expectativas del cliente.
Marketing digital: Internet y las tecnologías digitales han transformado el marketing.
Globalización: El marketing actual es global.
Big Data e inteligencia artificial: El análisis de datos y la inteligencia artificial se utilizan para comprender mejor a los clientes.
Marketing de influencers: Los influencers son figuras populares en las redes sociales que pueden ayudar a las empresas a llegar a un público más amplio.
Marketing experiencial: Las empresas buscan crear experiencias memorables para sus clientes.
Responsabilidad social: Los consumidores son cada vez más conscientes del impacto social y ambiental de las empresas.

Las empresas que se adapten a este nuevo entorno serán las que prosperen en el futuro.

EL MARKETING MIX: LAS 4 P'S DEL ÉXITO

El marketing mix, también conocido como las 4 P's del marketing, es un marco conceptual fundamental para desarrollar estrategias de marketing efectivas. Estas 4 P's representan las variables clave que una empresa puede controlar para influir en la percepción del cliente de su producto o servicio.

Profundizando en las 4 P's:

Producto (Product):

Definición: Todo aquello que se ofrece al mercado para satisfacer una necesidad o un deseo.
Ejemplos: Bienes tangibles (automóviles, ropa), servicios intangibles (turismo, educación), ideas (software, libros), experiencias (viajes, eventos).
Decisiones clave: Diseño, funcionalidad, calidad, marca, empaque, línea de productos, posicionamiento del producto.
Ejemplo práctico: La empresa Apple se caracteriza por la innovación en el diseño de sus productos, la alta calidad de sus materiales y la construcción de una marca premium.

Precio (Price):

Definición: El valor monetario asignado a un producto o servicio.
Ejemplos: Precio de lista, descuentos, promociones, paquetes, precios psicológicos.

Decisiones clave: Costo de producción, competencia, demanda del mercado, objetivos de la empresa, estrategias de precios (penetración, descremado, etc.).
Ejemplo práctico: La empresa Amazon utiliza estrategias de precios dinámicos que ajustan el precio de un producto en tiempo real en función de la demanda, la competencia y otros factores.

Lugar (Place):

Definición: Los canales de distribución a través de los cuales un producto o servicio llega al cliente final.
Ejemplos: Tiendas físicas, comercio electrónico, mayoristas, minoristas, distribuidores, agentes, plataformas online.
Decisiones clave: Elección de canales de distribución, gestión de la logística, selección de intermediarios, ubicación de las tiendas.
Ejemplo práctico: La empresa Coca-Cola tiene una amplia red de distribución que abarca tiendas físicas, supermercados, restaurantes, máquinas expendedoras y plataformas online.

Promoción (Promotion):

Definición: Las actividades de comunicación que utilizan las empresas para informar, persuadir y recordar a los clientes potenciales sobre un producto o servicio.
Ejemplos: Publicidad, relaciones públicas, venta personal, marketing digital, marketing de influencers, promoción de ventas.
Decisiones clave: Definición del mensaje publicitario, selección de medios de comunicación, presupuesto de marketing, estrategias de promoción.
Ejemplo práctico: La empresa Nike utiliza una variedad de estrategias de promoción, como publicidad en televisión y redes sociales, patrocinios deportivos y eventos de marketing experiencial.

El marketing mix en acción:

Las empresas no utilizan las 4 P's de forma aislada, sino que las combinan estratégicamente para crear una oferta atractiva para su público objetivo.

Ejemplo:

Una empresa de cosméticos que lanza un nuevo producto antienvejecimiento podría:

Producto: Desarrollar un producto con ingredientes innovadores, un diseño elegante y un empaque atractivo.
Precio: Fijar un precio premium para posicionar el producto como un producto de alta calidad.
Lugar: Distribuir el producto a través de tiendas de belleza exclusivas y farmacias selectas.
Promoción: Realizar una campaña publicitaria en revistas de moda y redes sociales, organizar eventos de lanzamiento en tiendas y ofrecer muestras gratuitas a los clientes potenciales.

El marketing mix es una herramienta fundamental para el éxito de cualquier empresa. Al comprender y aplicar este marco conceptual, las empresas pueden crear estrategias de marketing efectivas que les permitan alcanzar sus objetivos de negocio.

SEGMENTACIÓN DEL MERCADO Y ANÁLISIS DEL CONSUMIDOR

La segmentación del mercado y el análisis del consumidor son dos pilares fundamentales del marketing moderno. Ambas herramientas permiten a las empresas comprender mejor a sus clientes potenciales, identificar sus necesidades y deseos específicos, y desarrollar estrategias de marketing más efectivas y personalizadas.

Segmentación del mercado:

Definición: El proceso de dividir el mercado en grupos de consumidores con características similares, como necesidades, deseos, comportamientos o estilos de vida.

Objetivos:

Mejorar la precisión de las estrategias de marketing.
Optimizar el uso de recursos.
Desarrollar productos y servicios más relevantes para cada segmento.
Comunicarse con los clientes de manera más efectiva.

Tipos de segmentación:

Demográfica: Edad, sexo, nivel de ingresos, educación, etc.
Geográfica: Ubicación, clima, región, etc.

Psicográfica: Estilo de vida, valores, personalidad, intereses, etc.
Conductual: Hábitos de compra, frecuencia de uso, lealtad a la marca, etc.

Análisis del consumidor:

Definición: El proceso de estudiar y comprender las necesidades, deseos, comportamientos y motivaciones de los consumidores.

Objetivos:

Identificar las tendencias del mercado.
Evaluar la competencia.
Desarrollar estrategias de marketing más relevantes.
Mejorar la satisfacción del cliente.

Métodos de análisis:

Encuestas: Recopilación de información a través de preguntas.
Grupos focales: Reuniones con un grupo pequeño de consumidores para discutir un tema en profundidad.
Entrevistas en profundidad: Conversaciones individuales con consumidores para obtener información detallada.
Análisis de datos: Estudio de datos de compra, comportamiento online, etc.

Ejemplo práctico:

Una empresa de ropa deportiva podría segmentar su mercado en diferentes grupos, como:

Jóvenes adultos: Deportistas que buscan ropa funcional y a la moda.
Personas mayores: Personas que buscan ropa cómoda para actividades de bajo impacto.
Profesionales: Personas que buscan ropa elegante para usar en el trabajo o en eventos sociales.

La empresa podría realizar un análisis del consumidor para

comprender mejor las necesidades y deseos de cada segmento. Por ejemplo, podría realizar encuestas para determinar qué tipo de ropa buscan los consumidores, qué características son importantes para ellos y cuánto están dispuestos a pagar.

La segmentación del mercado y el análisis del consumidor son herramientas esenciales para las empresas que quieren tener éxito en el mercado actual. Al comprender mejor a sus clientes potenciales, las empresas pueden desarrollar estrategias de marketing más efectivas que les permitan alcanzar sus objetivos de negocio.

MARKETING DIGITAL: LA NUEVA ERA DEL MARKETING

El marketing digital ha revolucionado la forma en que las empresas se conectan con sus clientes. En la era digital, las empresas tienen una amplia gama de herramientas y estrategias a su disposición para llegar a un público más amplio, generar leads, aumentar las ventas y construir relaciones duraderas con sus clientes.

En este capítulo, exploraremos el mundo del marketing digital y te guiaremos a través de los siguientes temas:

Definición de marketing digital: Conceptos básicos y evolución del marketing digital.
Importancia del marketing digital: Beneficios para las empresas de todos los tamaños.
Estrategias de marketing digital: SEO, SEM, marketing de contenidos, redes sociales, email marketing, marketing de influencers, etc.
Herramientas y recursos para el marketing digital: Plataformas, software y tecnologías que facilitan la gestión del marketing digital.
Tendencias del marketing digital: Innovaciones y estrategias emergentes en el mercado digital.
Consejos para el éxito en el marketing digital: Cómo desarrollar e implementar estrategias efectivas.

Este capítulo te proporcionará una base sólida para comprender el marketing digital y te ayudará a desarrollar las habilidades que necesitas para tener éxito en el mundo online.

A medida que avanzamos en este capítulo, descubrirás cómo el marketing digital puede ayudarte a:

Alcanzar a un público más amplio: Llegar a clientes potenciales en todo el mundo.
Generar leads: Atraer a personas interesadas en tus productos o servicios.
Aumentar las ventas: Convertir leads en clientes y aumentar tus ingresos.
Construir relaciones con los clientes: Crear conexiones duraderas y fomentar la fidelidad.
Medir el éxito de tus estrategias: Evaluar el impacto de tus campañas y optimizar tu inversión.

El marketing digital es una herramienta poderosa que puede ayudarte a alcanzar tus objetivos de negocio. Si estás listo para explorar el mundo del marketing digital y llevar tu negocio al siguiente nivel, este capítulo te proporcionará la información y las herramientas que necesitas.

Recuerda que el marketing digital es un campo en constante evolución, por lo que es importante mantenerse actualizado con las últimas tendencias e innovaciones.

Definición de marketing digital: Conceptos básicos y evolución

¿Qué es el marketing digital?

El marketing digital es un conjunto de estrategias y técnicas que utilizan las empresas para llegar a sus clientes potenciales a través de canales digitales como Internet, las redes sociales, el correo electrónico y los dispositivos móviles.

El objetivo del marketing digital es:

Atraer: Generar interés en los productos o servicios de la empresa.
Convertir: Persuadir a los visitantes del sitio web o de las redes sociales de la empresa para que se conviertan en clientes.
Fidelizar: Mantener a los clientes satisfechos y fomentar la repetición de la compra.

Conceptos básicos del marketing digital:

Sitio web: Es la presencia online de la empresa y su principal canal de comunicación digital.
SEO (Search Engine Optimization): Optimización del sitio web para que aparezca en los primeros resultados de los buscadores como Google.
SEM (Search Engine Marketing): Publicidad en los buscadores para aumentar la visibilidad del sitio web.
Marketing de contenidos: Creación y distribución de contenido valioso para atraer y convertir a los visitantes del sitio web.
Redes sociales: Utilización de plataformas como Facebook, Instagram o Twitter para conectar con los clientes potenciales.
Email marketing: Envío de correos electrónicos a los clientes para promocionar productos o servicios, informar sobre novedades o fidelizarlos.

Evolución del marketing digital:

Primera etapa (1990-2000): Nacimiento del marketing digital con la aparición de Internet. Las empresas comienzan a crear sitios web y a utilizar el correo electrónico para comunicarse con sus clientes.
Segunda etapa (2000-2010): Auge de los buscadores y del marketing de contenidos. Las empresas se enfocan en optimizar

sus sitios web para los buscadores y en crear contenido valioso para atraer a los visitantes.
Tercera etapa (2010-2020): Explosión de las redes sociales. Las empresas comienzan a utilizar las redes sociales para conectar con sus clientes potenciales y construir relaciones con ellos.
Cuarta etapa (2020-presente): Inteligencia artificial, Big Data y marketing personalizado. Las empresas utilizan tecnologías como la inteligencia artificial y el Big Data para segmentar a sus clientes y ofrecerles experiencias personalizadas.

El futuro del marketing digital:

El marketing digital está en constante evolución y se espera que siga creciendo en los próximos años. Las principales tendencias que marcarán el futuro del marketing digital son:

Inteligencia artificial: La inteligencia artificial se utilizará para automatizar tareas, personalizar las experiencias de los clientes y tomar mejores decisiones de marketing.
Big Data: El Big Data se utilizará para obtener información más precisa sobre los clientes y segmentarlos de manera más efectiva.
Realidad virtual y aumentada: La realidad virtual y aumentada se utilizarán para crear experiencias de compra más inmersivas y atractivas.
Marketing de influencers: El marketing de influencers se utilizará para llegar a un público más amplio y generar confianza en los productos o servicios de la empresa.

Conclusión:

El marketing digital es una herramienta esencial para las empresas que quieren tener éxito en el mercado actual. Las empresas que no adopten el marketing digital se arriesgan a quedarse atrás y perder oportunidades de negocio.

Importancia del marketing digital:

Beneficios para las empresas de todos los tamaños

El marketing digital se ha convertido en una herramienta indispensable para las empresas de todos los tamaños. En un mundo cada vez más conectado, las empresas que no tienen una presencia online se arriesgan a perder oportunidades de negocio.

Los beneficios del marketing digital son numerosos:

Alcance global: El marketing digital permite a las empresas llegar a un público global, sin importar su ubicación física. Esto abre un mundo de posibilidades para las pequeñas empresas que pueden competir con empresas más grandes en el mercado internacional.

Bajo costo: El marketing digital es una herramienta relativamente económica, especialmente en comparación con el marketing tradicional. Las empresas pueden crear una presencia online y empezar a generar leads con una inversión mínima.

Medición precisa: El marketing digital permite a las empresas medir con precisión el impacto de sus campañas. Las empresas pueden obtener información sobre el comportamiento de los visitantes del sitio web, las tasas de conversión y el retorno de la inversión (ROI).

Personalización: El marketing digital permite a las empresas personalizar sus mensajes y ofertas para cada cliente individual. Esto aumenta la probabilidad de que los clientes potenciales se conviertan en clientes y compren los productos o servicios de la empresa.

Fidelización de clientes: El marketing digital es una excelente herramienta para fidelizar a los clientes. Las empresas pueden utilizar el email marketing, las redes sociales y otras herramientas para mantener el contacto con sus clientes y ofrecerles experiencias personalizadas.

Ventaja competitiva: En un mercado cada vez más competitivo, el marketing digital puede dar a las empresas una ventaja competitiva. Las empresas que utilizan el marketing digital de manera efectiva pueden llegar a más clientes, generar más leads y aumentar sus ventas.

Adaptabilidad: El marketing digital es una herramienta adaptable que se puede ajustar a las necesidades de cada empresa. Las empresas pueden elegir las estrategias y herramientas que mejor se adapten a su presupuesto, objetivos y público objetivo.

Oportunidades de aprendizaje: El marketing digital es un campo en constante evolución, por lo que las empresas que lo utilizan tienen la oportunidad de aprender y crecer continuamente.

En resumen, el marketing digital es una herramienta esencial para las empresas de todos los tamaños. Ofrece una amplia gama de beneficios que pueden ayudar a las empresas a alcanzar sus objetivos de negocio.

El marketing digital no es una solución mágica, pero si se utiliza de manera efectiva, puede ser una herramienta poderosa para el éxito empresarial.

Estrategias de marketing digital: SEO, SEM, marketing de contenidos, redes sociales, email marketing, marketing de influencers, etc.

El marketing digital ofrece una amplia gama de estrategias que las empresas pueden utilizar para alcanzar sus objetivos de negocio. Algunas de las estrategias más comunes son:

SEO (Search Engine Optimization): Optimización del sitio web para que aparezca en los primeros resultados de los buscadores como Google. Esto aumenta la visibilidad del sitio web y atrae más tráfico orgánico.

SEM (Search Engine Marketing): Publicidad en los buscadores para aumentar la visibilidad del sitio web. Esto permite a las empresas llegar a un público más amplio y generar leads más calificados.

Marketing de contenidos: Creación y distribución de contenido valioso para atraer y convertir a los visitantes del sitio web. El contenido puede incluir artículos, ebooks, infografías, vídeos, etc.

Redes sociales: Utilización de plataformas como Facebook, Instagram o Twitter para conectar con los clientes potenciales, construir relaciones con ellos y promover los productos o servicios de la empresa.

Email marketing: Envío de correos electrónicos a los clientes para promocionar productos o servicios, informar sobre novedades o fidelizarlos. El email marketing es una herramienta efectiva para generar leads, aumentar las ventas y fidelizar a los clientes.

Marketing de influencers: Colaboración con influencers en las redes sociales para llegar a un público más amplio y generar confianza en los productos o servicios de la empresa.

Marketing de afiliados: Promoción de los productos o servicios de otras empresas a cambio de una comisión por cada venta realizada.

Publicidad online: Utilización de plataformas como Google Ads o Facebook Ads para mostrar anuncios a los usuarios que han mostrado interés en los productos o servicios de la empresa.

Marketing automation: Automatización de tareas de marketing como el envío de correos electrónicos, la publicación en redes sociales o la gestión de leads.

Analítica web: Análisis del comportamiento de los visitantes del sitio web para obtener información sobre sus intereses y necesidades. Esta información se puede utilizar para mejorar el sitio web, optimizar las campañas de marketing y tomar mejores decisiones de negocio.

La elección de las estrategias de marketing digital más adecuadas para cada empresa dependerá de diversos factores:

Objetivos de negocio: ¿Qué quiere conseguir la empresa con el marketing digital?
Público objetivo: ¿A quién quiere llegar la empresa con sus mensajes?
Presupuesto: ¿Cuánto dinero está dispuesta a invertir la empresa en marketing digital?
Recursos humanos: ¿Qué recursos humanos tiene la empresa para gestionar el marketing digital?

Es importante tener en cuenta que el marketing digital es un proceso continuo que requiere aprendizaje constante y adaptación a las nuevas tendencias. Las empresas que quieren tener éxito en el marketing digital deben estar dispuestas a invertir tiempo, dinero y esfuerzo en esta área.

Herramientas y recursos para el marketing digital: Plataformas, software y tecnologías que facilitan la gestión del marketing digital

La amplia gama de herramientas y recursos disponibles para el marketing digital puede resultar abrumadora. En este capítulo, te presentaremos algunas de las plataformas, software y tecnologías más populares que te ayudarán a gestionar tu marketing digital de forma efectiva.

Plataformas de gestión de contenido (CMS): Te permiten crear y gestionar tu sitio web sin necesidad de conocimientos técnicos. Algunas opciones populares son WordPress, Joomla y Drupal.

Herramientas de SEO: Te ayudan a optimizar tu sitio web para los buscadores. Algunas opciones populares son Google Search Console, SEMrush y Ahrefs.

Herramientas de SEM: Te ayudan a crear y gestionar campañas de publicidad en los buscadores. Algunas opciones populares son Google Ads, Bing Ads y Facebook Ads.

Herramientas de marketing de contenidos: Te ayudan a crear, distribuir y medir el impacto de tu contenido. Algunas opciones populares son HubSpot, Buffer y Hootsuite.

Herramientas de email marketing: Te ayudan a crear y enviar correos electrónicos a tus clientes. Algunas opciones populares son Mailchimp, Constant Contact y ActiveCampaign.

Herramientas de redes sociales: Te ayudan a gestionar tu presencia en las redes sociales. Algunas opciones populares son Hootsuite, Buffer y Sprout Social.

Herramientas de analítica web: Te ayudan a obtener información sobre el comportamiento de los visitantes de tu sitio web. Algunas opciones populares son Google Analytics, Matomo y Piwik.

Software de marketing automation: Te ayuda a automatizar tareas de marketing como el envío de correos electrónicos, la publicación en redes sociales o la gestión de leads. Algunas opciones populares son HubSpot Marketing Hub, ActiveCampaign y Marketo.

Plataformas de marketing de influencers: Te ayudan a encontrar y conectar con influencers relevantes para tu marca. Algunas opciones populares son Influencity, SocialPubli y Coobis.

Software de gestión de relaciones con los clientes (CRM): Te ayuda a gestionar la información de tus clientes y a mejorar la experiencia del cliente. Algunas opciones populares son Salesforce, HubSpot CRM y Zoho CRM.

Además de estas herramientas y recursos, existen muchas otras opciones disponibles en el mercado. La mejor manera de elegir las herramientas adecuadas para tu empresa es evaluar tus necesidades específicas y tu presupuesto.

Aquí tienes algunos consejos para elegir las herramientas de marketing digital adecuadas:

Define tus objetivos: ¿Qué quieres conseguir con el marketing digital?
Conoce a tu público objetivo: ¿A quién quieres llegar con tus mensajes?
Investiga las opciones disponibles: Hay una amplia gama de herramientas disponibles, por lo que es importante investigar y comparar las diferentes opciones antes de tomar una decisión.
Considera tu presupuesto: Las herramientas de marketing digital pueden variar en precio, por lo que es importante tener en cuenta tu presupuesto al elegir las herramientas adecuadas.
Prueba diferentes herramientas: No tengas miedo de probar diferentes herramientas para encontrar las que mejor se adapten a tus necesidades.

El marketing digital es una herramienta poderosa que puede ayudarte a alcanzar tus objetivos de negocio. Las herramientas y recursos adecuados pueden ayudarte a gestionar tu marketing digital de forma efectiva y a obtener los mejores resultados.

Tendencias del marketing digital: Innovaciones y estrategias emergentes en el mercado digital

El marketing digital es un campo en constante evolución. Las nuevas tecnologías y las tendencias del mercado están obligando a las empresas a adaptarse y a buscar nuevas estrategias para llegar a sus clientes potenciales.

Exploraremos algunas de las tendencias más relevantes del marketing digital para el 2024:

1. Inteligencia artificial: La inteligencia artificial se está utilizando para automatizar tareas de marketing, personalizar las experiencias de los clientes y tomar mejores decisiones de marketing.

2. Big Data: El Big Data se está utilizando para obtener información más precisa sobre los clientes y segmentarlos de manera más efectiva.

3. Realidad virtual y aumentada: La realidad virtual y aumentada se están utilizando para crear experiencias de compra más inmersivas y atractivas.

4. Marketing de influencers: El marketing de influencers se está utilizando para llegar a un público más amplio y generar confianza en los productos o servicios de la empresa.

5. Personalización: La personalización se está utilizando para ofrecer a los clientes experiencias más relevantes y satisfactorias.

6. Video marketing: El video marketing se está utilizando para atraer la atención de los clientes y contar historias convincentes sobre la marca.

7. Social selling: El social selling se está utilizando para conectar con los clientes potenciales en las redes sociales y construir relaciones con ellos.

8. Marketing de contenidos: El marketing de contenidos se está utilizando para atraer y convertir a los visitantes del sitio web mediante la creación de contenido valioso.

9. Search Engine Optimization (SEO): El SEO se está utilizando para optimizar el sitio web para los buscadores y aumentar la visibilidad online de la empresa.

10. Email marketing: El email marketing se está utilizando para

mantener el contacto con los clientes y generar ventas.

Las empresas que quieren tener éxito en el marketing digital deben estar al día de las últimas tendencias y estar dispuestas a adaptarse y a experimentar con nuevas estrategias.

Consejos para el éxito en el marketing digital: Cómo desarrollar e implementar estrategias efectivas

El marketing digital es una herramienta poderosa que puede ayudarte a alcanzar tus objetivos de negocio. Sin embargo, no es una fórmula mágica. Para tener éxito en el marketing digital, es necesario desarrollar e implementar estrategias efectivas.

Aquí tienes algunos consejos para ayudarte a tener éxito en el marketing digital:

1. Define tus objetivos: ¿Qué quieres conseguir con el marketing digital? ¿Quieres aumentar las ventas, generar leads, mejorar la visibilidad de tu marca o fidelizar a tus clientes?

2. Conoce a tu público objetivo: ¿A quién quieres llegar con tus mensajes? ¿Cuáles son sus necesidades, intereses y comportamientos?

3. Investiga las opciones disponibles: Hay una amplia gama de herramientas y estrategias de marketing digital disponibles. Investiga y compara las diferentes opciones antes de tomar una decisión.

4. Crea un plan de marketing digital: Define tus objetivos, estrategias y tácticas de marketing digital. Tu plan debe ser específico, medible, alcanzable, relevante y temporal.

5. Implementa tu plan de marketing digital: Pon en marcha las estrategias y tácticas que has definido en tu plan.

6. Mide los resultados: Es importante medir los resultados de tus campañas de marketing digital para determinar su eficacia y realizar ajustes si es necesario.

7. Adapta tus estrategias: El marketing digital es un campo en constante evolución. Es importante adaptar tus estrategias a las nuevas tendencias y tecnologías.

8. Sé paciente: El marketing digital no es una solución rápida. Se necesita tiempo y esfuerzo para obtener resultados.

9. Sé constante: Es importante ser constante con tus esfuerzos de marketing digital para obtener resultados a largo plazo.

10. Busca ayuda profesional: Si no tienes los conocimientos o la experiencia necesarios, puedes buscar ayuda profesional de una agencia de marketing digital o de un consultor de marketing digital.

Siguiendo estos consejos, podrás desarrollar e implementar estrategias de marketing digital efectivas que te ayudarán a alcanzar tus objetivos de negocio.

Recuerda: El marketing digital es un proceso continuo que requiere aprendizaje constante y adaptación a las nuevas tendencias. Las empresas que quieren tener éxito en el marketing digital deben estar dispuestas a invertir tiempo, dinero y esfuerzo en esta área.

MARKETING GLOBAL: ALCANZANDO EL MUNDO ENTERO

En un mundo cada vez más conectado, las empresas tienen la oportunidad de llegar a un público global. El marketing global es la estrategia que permite a las empresas adaptar sus productos, servicios y mensajes para venderlos con éxito en mercados internacionales.

Este capítulo te guiará a través del apasionante mundo del marketing global. Exploraremos conceptos clave, estrategias efectivas y los desafíos que enfrentan las empresas al expandirse a nuevos mercados. Aprenderás cómo:

Desarrollar una estrategia de marketing global: Analizar mercados, identificar oportunidades y definir planes de acción.
Adaptar tu marketing mix: Producto, precio, plaza y promoción en un contexto internacional.
Comprender las diferencias culturales: Adaptar tu mensaje y enfoque a cada mercado.
Aprovechar las herramientas digitales: Alcanzar audiencias globales y gestionar campañas internacionales.
Gestionar la logística y la distribución: Llevar tus productos a los clientes en todo el mundo.

El marketing global te permitirá:

Aumentar tus ventas: Llegar a nuevos mercados y clientes

potenciales.
Crecer tu negocio: Expandir tu marca a nivel internacional.
Ganar una ventaja competitiva: Diferenciarte de la competencia en mercados extranjeros.

Desarrollar una estrategia de marketing global: Analizar mercados, identificar oportunidades y definir planes de acción.

El primer paso para desarrollar una estrategia de marketing global efectiva es realizar un análisis profundo de los mercados objetivo. Este análisis te permitirá comprender las características, tendencias, necesidades y competencia de cada mercado, lo que te ayudará a identificar oportunidades y definir planes de acción específicos.

A continuación, te presentamos los pasos clave para realizar un análisis de mercado efectivo:

Investigación:

Recopilación de datos: Busca información sobre el tamaño del mercado, las tendencias de crecimiento, las principales empresas competidoras, las características del público objetivo y las regulaciones comerciales.
Recursos de información: Puedes utilizar diferentes fuentes de información como estudios de mercado, informes de analistas, publicaciones especializadas, datos de aduanas, sitios web oficiales de gobierno y asociaciones comerciales.
Análisis de la competencia: Investiga las estrategias de marketing de tus competidores en el mercado objetivo, sus productos o servicios, precios, canales de distribución y estrategias de comunicación.

Evaluación:

Análisis FODA: Realiza un análisis FODA (Fortalezas, Oportunidades, Debilidades y Amenazas) para evaluar tu posición competitiva en el mercado objetivo.

Evaluación de riesgos: Identifica los riesgos potenciales que pueden afectar tu estrategia de marketing global, como barreras culturales, fluctuaciones cambiarias, inestabilidad política o económica.

Evaluación del potencial: Define el potencial del mercado objetivo en términos de tamaño, crecimiento y rentabilidad.

Segmentación:

División del mercado: Divide el mercado en segmentos específicos con características y necesidades similares.

Criterios de segmentación: Puedes segmentar el mercado por variables demográficas (edad, sexo, ingresos), geográficas (región, clima), psicográficas (estilo de vida, valores) o conductuales (uso del producto, frecuencia de compra).

Selección de segmentos: Selecciona los segmentos que mejor se ajustan a tus productos o servicios y que ofrecen mayor potencial de crecimiento.

Oportunidades:

Identificación de oportunidades: Busca oportunidades de mercado que se adapten a tus productos o servicios, como nichos de mercado sin explotar, nuevas tendencias de consumo o necesidades no satisfechas.

Análisis de la competencia: Investiga las estrategias de marketing de tus competidores para identificar oportunidades de diferenciación y posicionamiento en el mercado.

Aprovechamiento de las ventajas competitivas: Destaca las ventajas competitivas de tu empresa para diferenciarte de la competencia y atraer a los clientes objetivo.

Definición de planes de acción:

Objetivos específicos: Establece objetivos SMART específicos para cada segmento de mercado.

Estrategias de marketing mix: Define estrategias de producto, precio, plaza y promoción adaptadas a las características y necesidades de cada segmento.

Planificación de recursos: Asigna los recursos necesarios para la implementación de las estrategias de marketing.

Evaluación y seguimiento: Monitoriza los resultados de las estrategias y realiza ajustes si es necesario.

Un análisis de mercado completo te ayudará a tomar decisiones estratégicas informadas y a desarrollar un plan de marketing global efectivo que te permitirá alcanzar tus objetivos de negocio en los mercados internacionales.

Estrategias de marketing global: Adaptar el marketing mix a los mercados internacionales

El marketing mix es una herramienta fundamental para el éxito en el marketing global. Se trata de la combinación de cuatro elementos clave: producto, precio, plaza y promoción.

Para tener éxito en los mercados internacionales, es fundamental adaptar el marketing mix a las características y necesidades de cada mercado. A continuación, te presentamos algunas estrategias para adaptar el marketing mix a los mercados internacionales:

Producto:

Adaptación del producto: Modifica el producto o servicio para ajustarlo a las necesidades y preferencias del mercado objetivo. Esto puede incluir cambios en el diseño, la funcionalidad, el

empaque o el nombre.
Etiquetado y embalaje: Adapta el etiquetado y el embalaje del producto a los requisitos legales y lingüísticos del mercado objetivo.
Servicio al cliente: Ofrece un servicio al cliente en el idioma local y adaptado a las expectativas del mercado objetivo.

Precio:

Estrategia de precios: Define una estrategia de precios competitiva que considere el poder adquisitivo del mercado, los costos de producción y la competencia.
Precios locales: Adapta los precios a las condiciones del mercado local, teniendo en cuenta las fluctuaciones cambiarias y los impuestos locales.
Estrategias de promoción: Utiliza diferentes estrategias de promoción para dar a conocer tu producto o servicio al mercado objetivo.

Plaza:

Canales de distribución: Selecciona los canales de distribución más adecuados para llegar a tu público objetivo en cada mercado. Esto puede incluir distribuidores locales, tiendas online o plataformas de comercio electrónico.
Logística: Gestiona la logística de manera eficiente para asegurar la entrega oportuna del producto al cliente final.
Alianzas estratégicas: Establece alianzas estratégicas con empresas locales para facilitar la entrada al mercado y el acceso a recursos.

Promoción:

Comunicación efectiva: Desarrolla una estrategia de comunicación que se adapte a la cultura y los hábitos de consumo del mercado objetivo.
Mensajes relevantes: Crea mensajes relevantes y atractivos para el

público objetivo, teniendo en cuenta las diferencias culturales.

Comprender las diferencias culturales: Clave para el éxito en el marketing global

En un mundo cada vez más globalizado, las empresas que quieren tener éxito en el mercado global deben comprender las diferencias culturales. La cultura juega un papel fundamental en la forma en que las personas piensan, sienten y actúan, lo que a su vez influye en sus decisiones de compra.

A continuación, te presentamos algunos aspectos clave a tener en cuenta al comprender las diferencias culturales:

Idioma:

El idioma es una herramienta fundamental para la comunicación. Asegúrate de traducir tu material de marketing al idioma local de manera precisa y profesional.
Ten en cuenta las diferentes formas de comunicación verbal y no verbal. El lenguaje corporal, el tono de voz y los gestos pueden tener diferentes significados en diferentes culturas.

Valores y creencias:

Los valores y creencias culturales influyen en la forma en que las personas perciben los productos y servicios. Investiga los valores y creencias del mercado objetivo para asegurarte de que tu mensaje sea relevante y atractivo.
Evita usar imágenes o mensajes que puedan ser ofensivos para la cultura local.

Hábitos de consumo:

Los hábitos de consumo varían de una cultura a otra. Investiga los hábitos de compra del mercado objetivo para determinar los mejores canales de distribución y estrategias de promoción. Considera las diferentes formas de pago que se utilizan en el mercado objetivo.

Normas sociales:

Las normas sociales regulan el comportamiento de las personas en diferentes situaciones. Investiga las normas sociales del mercado objetivo para evitar cometer errores que puedan afectar tu negocio.

Respeta las normas sociales en tu publicidad y comunicaciones.

Al comprender las diferencias culturales, podrás adaptar tu marketing mix a las necesidades y expectativas del mercado objetivo. Esto te ayudará a construir relaciones con tus clientes y aumentar tus posibilidades de éxito en el mercado global.

Aprovechar las herramientas digitales: Alcanzar audiencias globales

Las herramientas digitales son una poderosa herramienta para el marketing global. Permiten a las empresas llegar a audiencias globales de manera eficiente y rentable.

A continuación, te presentamos algunas de las herramientas digitales más utilizadas en el marketing global:

Sitio web:

Un sitio web es una herramienta esencial para cualquier empresa que quiera tener éxito en el mercado global. Tu sitio web debe estar traducido al idioma local y adaptado a la cultura del mercado objetivo.
Asegúrate de que tu sitio web sea fácil de usar y navegar.
Ofrece contenido relevante y atractivo para tu público objetivo.

Redes sociales:

Las redes sociales son una excelente manera de conectar con tu público objetivo en todo el mundo. Puedes usar las redes sociales para compartir contenido, interactuar con tus clientes y promocionar tus productos o servicios.
Utiliza las redes sociales más populares en el mercado objetivo.
Crea contenido relevante y atractivo para tu público objetivo.

Marketing de contenidos:

El marketing de contenidos es una estrategia efectiva para atraer y convertir clientes potenciales. Puedes crear contenido en diferentes formatos, como artículos, blogs, vídeos, infografías o ebooks.
Crea contenido relevante y de alta calidad para tu público objetivo.
Distribuye tu contenido en los canales adecuados.

Publicidad online:

La publicidad online es una forma efectiva de llegar a tu público objetivo en el mercado global. Puedes utilizar diferentes plataformas de publicidad online, como Google Ads, Facebook Ads o YouTube Ads.
Define tu público objetivo de manera precisa.
Crea anuncios relevantes y atractivos.
Monitorea tus resultados y realiza ajustes si es necesario.

Email marketing:

El email marketing es una herramienta efectiva para mantenerte en contacto con tus clientes y promover tus productos o servicios. Puedes enviar newsletters, ofertas especiales o información sobre nuevos productos.
Crea una lista de contactos segmentada.
Envía emails relevantes y personalizados.

Monitorea tus resultados y realiza ajustes si es necesario.

Al aprovechar las herramientas digitales, puedes llegar a audiencias globales de manera eficiente y rentable.

Gestionar la logística y la distribución: Clave para el éxito en el marketing global

La logística y la distribución son dos aspectos fundamentales para el éxito en el marketing global. Se trata de la gestión del flujo de productos desde el fabricante hasta el consumidor final.

A continuación, te presentamos algunos aspectos clave a tener en cuenta al gestionar la logística y la distribución en el marketing global:

Elección del proveedor:

Es importante elegir un proveedor confiable que pueda cumplir con tus requisitos de calidad, precio y entrega.
Investiga la experiencia del proveedor en el mercado global.
Asegúrate de que el proveedor tenga las licencias y permisos necesarios para operar en el mercado objetivo.

Almacenamiento:

Necesitarás un lugar para almacenar tus productos en el mercado objetivo.
Considera la ubicación del almacén, el tamaño y el costo.
Asegúrate de que el almacén esté seguro y cumpla con las normas locales.

Transporte:

Necesitarás elegir un método de transporte para tus productos.
Considera el costo, el tiempo de entrega y la confiabilidad del método de transporte.

Asegúrate de que el método de transporte cumpla con las normas locales.

Seguimiento y control:

Es importante seguir y controlar el movimiento de tus productos.
Utiliza un sistema de seguimiento para conocer la ubicación de tus productos en todo momento.
Controla los niveles de inventario para evitar desabastecimientos o exceso de inventario.

Aduanas:

Es importante cumplir con las regulaciones aduaneras del mercado objetivo.
Trabaja con un agente de aduanas para asegurarte de que tu documentación esté en orden.
Paga los aranceles e impuestos correspondientes.
Al gestionar la logística y la distribución de manera eficiente, podrás asegurar que tus productos lleguen a tus clientes en el mercado global de manera oportuna y segura.

El marketing global es un proceso continuo que requiere aprendizaje constante y adaptación a las nuevas tendencias. Las empresas que quieren tener éxito en el marketing global deben estar dispuestas a invertir tiempo, dinero y esfuerzo en esta área.

Algunos ejemplos de cómo las empresas han gestionado la logística y la distribución en el mercado global:

Amazon tiene una red global de almacenes que le permite entregar productos a sus clientes en todo el mundo de manera rápida y eficiente.

Walmart trabaja con proveedores locales en los mercados donde opera para asegurar que sus productos estén disponibles a precios competitivos.
IKEA tiene un sistema de distribución eficiente que le permite

ofrecer muebles a precios bajos en todo el mundo.

Estos son solo algunos ejemplos de cómo las empresas pueden gestionar la logística y la distribución en el mercado global. Al gestionar la logística y la distribución de manera eficiente, las empresas pueden aumentar sus posibilidades de éxito en el mercado global.

TENDENCIAS EMERGENTES: EL NUEVO PANORAMA DEL MARKETING

El mundo del marketing está en constante evolución, y las empresas que quieren seguir siendo competitivas deben estar a la vanguardia de las últimas tendencias. En este capítulo, exploraremos cuatro tendencias emergentes que están transformando el panorama del marketing:

Big Data e inteligencia artificial: El Big Data y la inteligencia artificial (IA) están proporcionando a las empresas una cantidad sin precedentes de información sobre sus clientes. Esta información puede ser utilizada para crear campañas de marketing más personalizadas y efectivas.

Realidad virtual y aumentada: La realidad virtual (RV) y la realidad aumentada (RA) están creando nuevas experiencias de marketing para los consumidores. Estas tecnologías pueden ser utilizadas para crear experiencias inmersivas que atraigan a los consumidores y les hagan recordar la marca.

Marketing experiencial y storytelling: El marketing experiencial y el storytelling son dos estrategias que se están utilizando cada vez más para crear conexiones emocionales con los consumidores. Las experiencias memorables y las historias convincentes pueden ayudar a las marcas a destacarse de la competencia.

Impacto de la tecnología en el comportamiento del consumidor:

La tecnología está cambiando la forma en que los consumidores compran y toman decisiones. Las empresas deben comprender cómo la tecnología está impactando el comportamiento del consumidor para desarrollar estrategias de marketing efectivas.

En este capítulo, analizaremos en detalle cada una de estas tendencias y exploraremos cómo las empresas pueden utilizarlas para su beneficio.

Big Data e inteligencia artificial en el marketing

El Big Data y la inteligencia artificial (IA) están revolucionando el mundo del marketing. Estas tecnologías están proporcionando a las empresas una cantidad sin precedentes de información sobre sus clientes, lo que les permite crear campañas de marketing más personalizadas y efectivas.

En este capítulo, analizaremos en detalle el impacto del Big Data y la IA en el marketing. Abordaremos las siguientes preguntas:

¿Qué es el Big Data y la IA?
¿Cómo el Big Data y la IA están impactando el marketing?
¿Qué oportunidades y desafíos presentan el Big Data y la IA para el marketing?
¿Cómo pueden las empresas utilizar el Big Data y la IA para mejorar sus estrategias de marketing?

¿Qué es el Big Data?

El Big Data se refiere a la gran cantidad de datos que se generan a partir de diferentes fuentes, como las redes sociales, los sitios web, los dispositivos móviles y las transacciones comerciales. Estos datos pueden ser estructurados o no estructurados, y pueden ser analizados para obtener información valiosa sobre los clientes, el mercado y la competencia.

¿Qué es la inteligencia artificial?

La IA es una rama de la informática que se ocupa de la creación de agentes inteligentes, que son sistemas que pueden razonar, aprender y actuar de forma autónoma. La IA se puede utilizar para analizar datos, identificar patrones y hacer predicciones.

¿Cómo el Big Data y la IA están impactando el marketing?

El Big Data y la IA están impactando el marketing de varias maneras:

Personalización: El Big Data y la IA permiten a las empresas crear campañas de marketing más personalizadas para sus clientes. Las empresas pueden utilizar el Big Data para segmentar a sus clientes y crear mensajes específicos para cada segmento.
Automatización: La IA puede automatizar tareas de marketing repetitivas, como la gestión de las redes sociales y el envío de correos electrónicos. Esto libera tiempo para que los especialistas en marketing se centren en tareas más estratégicas.
Predicción: La IA puede predecir el comportamiento del cliente y las tendencias del mercado. Esto puede ayudar a las empresas a tomar mejores decisiones de marketing y a desarrollar estrategias más efectivas.

¿Qué oportunidades y desafíos presentan el Big Data y la IA para el marketing?

El Big Data y la IA presentan una serie de oportunidades y desafíos para el marketing:

Oportunidades:

Mejores resultados de marketing: El Big Data y la IA pueden

ayudar a las empresas a mejorar sus resultados de marketing al proporcionar información más precisa sobre los clientes y el mercado.
Eficiencia: La IA puede automatizar tareas de marketing repetitivas, lo que libera tiempo para que los especialistas en marketing se centren en tareas más estratégicas.
Innovación: El Big Data y la IA pueden ayudar a las empresas a desarrollar nuevas estrategias de marketing y productos innovadores.

Desafíos:

Privacidad: El Big Data y la IA plantean preocupaciones sobre la privacidad de los datos. Las empresas deben asegurarse de que recopilan y utilizan los datos de los clientes de forma responsable.
Competencia: El Big Data y la IA están disponibles para todas las empresas, lo que significa que las empresas deben competir en base a su capacidad para utilizar estas tecnologías de forma eficaz.
Habilidades: Las empresas necesitan empleados con las habilidades necesarias para analizar datos y utilizar la IA.

¿Cómo pueden las empresas utilizar el Big Data y la IA para mejorar sus estrategias de marketing?

Las empresas pueden utilizar el Big Data y la IA para mejorar sus estrategias de marketing de varias maneras:

Segmentar a sus clientes: Las empresas pueden utilizar el Big Data para segmentar a sus clientes en función de sus intereses, necesidades y comportamientos. Esto les permite crear mensajes y ofertas más relevantes para cada segmento.
Personalizar sus campañas: Las empresas pueden utilizar el Big Data para personalizar sus campañas de marketing para cada cliente. Esto puede incluir la personalización de los mensajes, las ofertas y el contenido.
Automatizar tareas de marketing: Las empresas pueden utilizar la IA para automatizar tareas de marketing repetitivas, como la

gestión de las redes sociales y el envío de correos electrónicos.

Predecir el comportamiento del cliente: Las empresas pueden utilizar la IA para predecir el comportamiento del cliente y las tendencias del mercado. Esto les puede ayudar a tomar mejores decisiones de marketing y a desarrollar estrategias más efectivas.

El Big Data y la IA son herramientas poderosas que pueden ayudar a las empresas a mejorar sus estrategias de marketing. Las empresas que utilizan estas tecnologías de forma eficaz estarán mejor posicionadas para tener éxito en el mercado competitivo actual.

Realidad virtual y aumentada en el marketing

La realidad virtual (RV) y la realidad aumentada (RA) están revolucionando el mundo del marketing. Estas tecnologías están creando nuevas experiencias de marketing para los consumidores que pueden ser utilizadas para atraerlos, involucrarlos y hacerles recordar la marca.

En este capítulo, analizaremos en detalle el impacto de la RV y la RA en el marketing. Abordaremos las siguientes preguntas:

¿Qué es la realidad virtual y la realidad aumentada?
¿Cómo la RV y la RA están impactando el marketing?
¿Qué oportunidades y desafíos presentan la RV y la RA para el marketing?
¿Cómo pueden las empresas utilizar la RV y la RA para mejorar sus estrategias de marketing?

¿Qué es la realidad virtual?

La RV es una tecnología que crea un entorno simulado en el que el usuario puede interactuar. La RV se suele utilizar con auriculares y controladores especiales que permiten al usuario moverse y explorar el entorno virtual.

¿Qué es la realidad aumentada?

La RA es una tecnología que superpone información digital al mundo real. La RA se suele utilizar con dispositivos móviles, como smartphones y tablets, que permiten al usuario ver la información digital superpuesta al mundo real a través de la cámara del dispositivo.

¿Cómo la RV y la RA están impactando el marketing?

La RV y la RA están impactando el marketing de varias maneras:

Experiencias inmersivas: La RV y la RA pueden crear experiencias inmersivas que atraen a los consumidores y les hacen recordar la marca. Las empresas pueden utilizar la RV y la RA para crear experiencias de compra virtuales, demostraciones de productos y juegos interactivos.

Interacción con la marca: La RV y la RA pueden ayudar a los consumidores a interactuar con la marca de una forma más profunda. Las empresas pueden utilizar la RV y la RA para permitir a los consumidores probar productos virtuales, explorar sus tiendas virtuales y participar en experiencias interactivas.

Personalización: La RV y la RA pueden utilizarse para crear experiencias personalizadas para los consumidores. Las empresas pueden utilizar la RV y la RA para crear experiencias que se adapten a los intereses y necesidades de cada consumidor.

¿Qué oportunidades y desafíos presentan la RV y la RA para el marketing?

La RV y la RA presentan una serie de oportunidades y desafíos para el marketing:

Oportunidades:

Compromiso del consumidor: La RV y la RA pueden ayudar a las empresas a aumentar el compromiso del consumidor con la marca.
Experiencia de compra: La RV y la RA pueden mejorar la experiencia de compra de los consumidores.
Diferenciación de la competencia: La RV y la RA pueden ayudar a las empresas a diferenciarse de la competencia.

Desafíos:

Costo: La RV y la RA pueden ser tecnologías costosas para las empresas.
Acceso: No todos los consumidores tienen acceso a la RV y la RA.
Habilidades: Las empresas necesitan empleados con las habilidades necesarias para desarrollar y utilizar la RV y la RA.

¿Cómo pueden las empresas utilizar la RV y la RA para mejorar sus estrategias de marketing?

Las empresas pueden utilizar la RV y la RA para mejorar sus estrategias de marketing de varias maneras:

Crear experiencias inmersivas: Las empresas pueden crear experiencias inmersivas que atraigan a los consumidores y les hagan recordar la marca.
Permitir la interacción con la marca: Las empresas pueden utilizar la RV y la RA para permitir a los consumidores interactuar con la marca de una forma más profunda.
Personalizar las experiencias: Las empresas pueden utilizar la RV y la RA para crear experiencias personalizadas para los consumidores.

La RV y la RA son tecnologías emergentes con el potencial de transformar el mundo del marketing. Las empresas que utilizan estas tecnologías de forma eficaz estarán mejor posicionadas para tener éxito en el mercado competitivo actual.

Marketing experiencial y storytelling

El marketing experiencial y el storytelling son dos estrategias que se están utilizando cada vez más para crear conexiones emocionales con los consumidores. Las experiencias memorables y las historias convincentes pueden ayudar a las marcas a destacarse de la competencia y a construir relaciones duraderas con sus clientes.

En este capítulo, abordaremos las siguientes preguntas:

¿Qué es el marketing experiencial y el storytelling?
¿Cómo el marketing experiencial y el storytelling están impactando el marketing?
¿Qué oportunidades y desafíos presentan el marketing experiencial y el storytelling para el marketing?
¿Cómo pueden las empresas utilizar el marketing experiencial y el storytelling para mejorar sus estrategias de marketing?

¿Qué es el marketing experiencial?

El marketing experiencial se basa en la idea de que los consumidores son más propensos a recordar y conectar con las marcas que les ofrecen experiencias memorables. El marketing experiencial puede incluir una variedad de actividades, como eventos, talleres, demostraciones de productos y juegos interactivos.

¿Qué es el storytelling?

El storytelling es el arte de contar historias. Las historias pueden ser utilizadas para conectar con las emociones de los consumidores, para transmitir mensajes de marca y para crear una experiencia memorable.

¿Cómo el marketing experiencial y el

storytelling están impactando el marketing?

El marketing experiencial y el storytelling están impactando el marketing de varias maneras:

Conexión emocional: El marketing experiencial y el storytelling pueden ayudar a las marcas a crear conexiones emocionales con los consumidores.
Diferenciación de la competencia: El marketing experiencial y el storytelling pueden ayudar a las marcas a diferenciarse de la competencia.
Recordación de la marca: El marketing experiencial y el storytelling pueden ayudar a las marcas a aumentar la recordación de la marca.

¿Qué oportunidades y desafíos presentan el marketing experiencial y el storytelling para el marketing?

El marketing experiencial y el storytelling presentan una serie de oportunidades y desafíos para el marketing:

Oportunidades:

Compromiso del consumidor: El marketing experiencial y el storytelling pueden ayudar a las empresas a aumentar el compromiso del consumidor con la marca.
Lealtad del cliente: El marketing experiencial y el storytelling pueden ayudar a las empresas a construir relaciones duraderas con sus clientes.
Diferenciación de la competencia: El marketing experiencial y el storytelling pueden ayudar a las empresas a diferenciarse de la competencia.

Desafíos:

Costo: El marketing experiencial y el storytelling pueden ser

costosos para las empresas.
Creatividad: El marketing experiencial y el storytelling requieren creatividad e innovación.
Medición: El marketing experiencial y el storytelling pueden ser difíciles de medir.

¿Cómo pueden las empresas utilizar el marketing experiencial y el storytelling para mejorar sus estrategias de marketing?

Las empresas pueden utilizar el marketing experiencial y el storytelling para mejorar sus estrategias de marketing de varias maneras:

Crear experiencias memorables: Las empresas pueden crear experiencias memorables para sus clientes a través de eventos, talleres, demostraciones de productos y juegos interactivos.

Contar historias convincentes: Las empresas pueden contar historias convincentes que transmitan sus mensajes de marca y conecten con las emociones de los consumidores.

Integrar el marketing experiencial y el storytelling en sus estrategias de marketing: Las empresas pueden integrar el marketing experiencial y el storytelling en sus estrategias de marketing para crear una experiencia más completa para sus clientes.

El marketing experiencial y el storytelling son herramientas poderosas que pueden ayudar a las empresas a conectar con sus clientes y a construir relaciones duraderas. Las empresas que utilizan estas herramientas de forma eficaz estarán mejor posicionadas para tener éxito en el mercado competitivo actual.

Impacto de la tecnología en el comportamiento del consumidor

La tecnología está cambiando la forma en que los consumidores compran y toman decisiones. Las empresas que quieren seguir siendo competitivas deben comprender cómo la tecnología está impactando el comportamiento del consumidor y adaptar sus estrategias de marketing en consecuencia.

En este capítulo, analizaremos en detalle el impacto de la tecnología en el comportamiento del consumidor. Abordaremos las siguientes preguntas:

¿Cómo la tecnología está impactando el comportamiento del consumidor?
¿Qué oportunidades y desafíos presenta la tecnología para el marketing?
¿Cómo pueden las empresas adaptar sus estrategias de marketing para tener en cuenta el impacto de la tecnología?

¿Cómo la tecnología está impactando el comportamiento del consumidor?

La tecnología está impactando el comportamiento del consumidor de varias maneras:

Acceso a la información: Los consumidores tienen acceso a más información que nunca antes gracias a Internet y a los dispositivos móviles. Esto les permite comparar precios, leer opiniones y realizar investigaciones antes de comprar.
Compra online: Cada vez más consumidores están comprando online. Esto ofrece a las empresas la oportunidad de llegar a una audiencia global, pero también significa que deben competir con un mayor número de empresas.
Personalización: Los consumidores esperan experiencias personalizadas. La tecnología permite a las empresas recopilar datos sobre sus clientes y utilizarlos para ofrecerles productos y servicios personalizados.
Comportamiento social: Las redes sociales están jugando un papel cada vez más importante en el comportamiento del consumidor. Los consumidores utilizan las redes sociales para

descubrir nuevos productos, leer opiniones y compartir sus experiencias con otros.

¿Qué oportunidades y desafíos presenta la tecnología para el marketing?

La tecnología presenta una serie de oportunidades y desafíos para el marketing:

Oportunidades:

Llegar a una audiencia global: La tecnología permite a las empresas llegar a una audiencia global.
Personalización: La tecnología permite a las empresas ofrecer experiencias personalizadas a sus clientes.
Automatización: La tecnología permite a las empresas automatizar tareas de marketing repetitivas.
Análisis de datos: La tecnología permite a las empresas recopilar y analizar datos sobre sus clientes.

Desafíos:

Competencia: La tecnología ha hecho que sea más fácil para las empresas entrar en el mercado, lo que significa que hay más competencia.
Atención del consumidor: Los consumidores están expuestos a una gran cantidad de información y publicidad, lo que significa que es más difícil captar su atención.
Privacidad: Los consumidores son cada vez más conscientes de la privacidad de sus datos, lo que significa que las empresas deben ser cuidadosas con la forma en que recopilan y utilizan los datos.

¿Cómo pueden las empresas adaptar sus estrategias de marketing para tener en cuenta el impacto de la tecnología?

Las empresas pueden adaptar sus estrategias de marketing para tener en cuenta el impacto de la tecnología de varias maneras:

Tener una presencia online: Las empresas deben tener una presencia online sólida para llegar a los consumidores que están comprando online.
Personalizar las experiencias: Las empresas deben utilizar la tecnología para ofrecer experiencias personalizadas a sus clientes.
Utilizar las redes sociales: Las empresas deben utilizar las redes sociales para conectar con los consumidores y construir relaciones.
Analizar los datos: Las empresas deben recopilar y analizar datos sobre sus clientes para comprender mejor sus necesidades y comportamientos.

La tecnología está cambiando el mundo del marketing. Las empresas que comprenden cómo la tecnología está impactando el comportamiento del consumidor y que adaptan sus estrategias de marketing en consecuencia estarán mejor posicionadas para tener éxito en el mercado competitivo actual.

HABILIDADES PARA EL MARKETING ACTUAL

El mundo del marketing está en constante evolución. Las nuevas tecnologías, las nuevas tendencias de consumo y la competencia global exigen que los profesionales del marketing tengan un conjunto de habilidades cada vez más amplio y complejo.

En este capítulo, analizaremos las cinco habilidades esenciales para el marketing actual:

Creatividad e innovación: La capacidad de generar ideas nuevas y originales es fundamental para el éxito en el marketing actual. Los profesionales del marketing deben ser capaces de pensar fuera de la caja y encontrar soluciones innovadoras a los problemas.

Pensamiento analítico y capacidad de resolución de problemas: Los profesionales del marketing deben ser capaces de analizar datos, identificar tendencias y tomar decisiones estratégicas basadas en la información.

Habilidades de comunicación y trabajo en equipo: Los profesionales del marketing deben ser capaces de comunicarse de forma efectiva con una variedad de públicos, tanto internos como externos. También deben ser capaces de trabajar en equipo y colaborar con otros departamentos para lograr objetivos comunes.

Adaptabilidad al cambio y aprendizaje continuo: El mundo del marketing está en constante cambio, por lo que los profesionales del marketing deben ser adaptables y estar dispuestos a aprender continuamente. Deben ser capaces de mantenerse al día con las últimas tendencias y tecnologías para seguir siendo relevantes en el mercado.

Creatividad e innovación

La creatividad e innovación son dos de las habilidades más importantes para el marketing actual. En un mercado saturado y competitivo, las empresas que quieren destacarse necesitan ser capaces de generar ideas nuevas y originales que atraigan a los consumidores.

En este capítulo, analizaremos en detalle la importancia de la creatividad e innovación en el marketing. Abordaremos las siguientes preguntas:

¿Qué es la creatividad y la innovación?
¿Por qué son importantes la creatividad y la innovación en el marketing?
¿Cómo pueden los profesionales del marketing desarrollar su creatividad e innovación?

¿Qué es la creatividad y la innovación?

La creatividad es la capacidad de generar ideas nuevas y originales. La innovación es la capacidad de poner en práctica esas ideas de forma exitosa.

¿Por qué son importantes la creatividad y la innovación en el marketing?

La creatividad y la innovación son importantes en el marketing porque permiten a las empresas:

Destacarse de la competencia: En un mercado saturado, las empresas que quieren destacarse necesitan ser capaces de ofrecer algo nuevo y diferente.
Atraer a los consumidores: Los consumidores están cada vez más expuestos a mensajes de marketing, por lo que las empresas necesitan ser creativas para captar su atención.

Resolver problemas: La creatividad y la innovación pueden ayudar a las empresas a encontrar soluciones a los problemas de marketing, como la disminución de las ventas o la baja participación de mercado.

¿Cómo pueden los profesionales del marketing desarrollar su creatividad e innovación?

Hay muchas maneras de desarrollar la creatividad e innovación, como:

Pensar fuera de la caja: Los profesionales del marketing deben ser capaces de pensar fuera de la caja y encontrar soluciones innovadoras a los problemas.
Estar al día con las últimas tendencias: Es importante estar al día con las últimas tendencias en el mundo del marketing para poder adaptar las estrategias de marketing en consecuencia.
Colaborar con otros: La colaboración con otros puede ayudar a generar nuevas ideas y perspectivas.
Experimentar: No hay que tener miedo a experimentar y probar cosas nuevas.

La creatividad e innovación son dos de las habilidades más importantes para el marketing actual. Las empresas que quieren tener éxito en el mercado competitivo actual necesitan invertir en el desarrollo de la creatividad e innovación de sus profesionales del marketing.

Pensamiento analítico y capacidad de resolución de problemas

El pensamiento analítico y la capacidad de resolución de problemas son dos habilidades esenciales para el marketing actual. En un mercado cada vez más complejo y competitivo, los profesionales del marketing deben ser capaces de analizar datos, identificar tendencias y tomar decisiones estratégicas basadas en la información.

En este capítulo, analizaremos en detalle la importancia del pensamiento analítico y la capacidad de resolución de problemas en el marketing. Abordaremos las siguientes preguntas:

¿Qué es el pensamiento analítico y la capacidad de resolución de problemas?
¿Por qué son importantes el pensamiento analítico y la capacidad de resolución de problemas en el marketing?
¿Cómo pueden los profesionales del marketing desarrollar su pensamiento analítico y capacidad de resolución de problemas?

¿Qué es el pensamiento analítico y la capacidad de resolución de problemas?

El pensamiento analítico es la capacidad de analizar información y tomar decisiones basadas en la lógica y la razón. La capacidad de resolución de problemas es la habilidad de identificar, analizar y resolver problemas de forma eficaz.

¿Por qué son importantes el pensamiento analítico y la capacidad de resolución de problemas en el marketing?

El pensamiento analítico y la capacidad de resolución de problemas son importantes en el marketing porque permiten a las empresas:

Comprender mejor a sus clientes: El análisis de datos puede ayudar a las empresas a comprender mejor las necesidades, deseos y comportamientos de sus clientes.
Tomar mejores decisiones: El análisis de datos puede ayudar a las empresas a tomar mejores decisiones sobre sus productos, precios, distribución y promoción.
Resolver problemas de marketing: El pensamiento analítico

y la capacidad de resolución de problemas pueden ayudar a las empresas a resolver problemas de marketing, como la disminución de las ventas o la baja participación de mercado.

¿Cómo pueden los profesionales del marketing desarrollar su pensamiento analítico y capacidad de resolución de problemas?

Hay muchas maneras de desarrollar el pensamiento analítico y la capacidad de resolución de problemas, como:

Aprender a usar herramientas de análisis de datos: Hay muchas herramientas disponibles para ayudar a los profesionales del marketing a analizar datos.
Practicar la resolución de problemas: Hay muchos ejercicios y juegos que pueden ayudar a mejorar la capacidad de resolución de problemas.
Trabajar con otros: La colaboración con otros puede ayudar a generar nuevas ideas y perspectivas para resolver problemas.

El pensamiento analítico y la capacidad de resolución de problemas son dos de las habilidades más importantes para el marketing actual. Las empresas que quieren tener éxito en el mercado competitivo actual necesitan invertir en el desarrollo del pensamiento analítico y la capacidad de resolución de problemas de sus profesionales del marketing.

Habilidades de comunicación y trabajo en equipo

Las habilidades de comunicación y trabajo en equipo son dos de las habilidades más importantes para el marketing actual. En un mercado cada vez más complejo y competitivo, los profesionales del marketing deben ser capaces de comunicarse de forma efectiva con una variedad de públicos, tanto internos como externos.

También deben ser capaces de trabajar en equipo y colaborar con otros departamentos para lograr objetivos comunes.

En este capítulo, analizaremos en detalle la importancia de las habilidades de comunicación y trabajo en equipo en el marketing. Abordaremos las siguientes preguntas:

¿Qué son las habilidades de comunicación y trabajo en equipo?
¿Por qué son importantes las habilidades de comunicación y trabajo en equipo en el marketing?
¿Cómo pueden los profesionales del marketing desarrollar sus habilidades de comunicación y trabajo en equipo?

¿Qué son las habilidades de comunicación y trabajo en equipo?

Las habilidades de comunicación son la capacidad de transmitir ideas y pensamientos de forma clara, concisa y efectiva. Las habilidades de trabajo en equipo son la capacidad de colaborar con otros de manera eficiente y productiva para lograr un objetivo común.

¿Por qué son importantes las habilidades de comunicación y trabajo en equipo en el marketing?

Las habilidades de comunicación y trabajo en equipo son importantes en el marketing porque permiten a las empresas:

Construir relaciones con los clientes: La comunicación efectiva es esencial para construir relaciones sólidas con los clientes.
Colaborar con otros departamentos: El trabajo en equipo es esencial para colaborar con otros departamentos, como ventas, producción y desarrollo de productos.
Lograr objetivos de marketing: La comunicación efectiva y el trabajo en equipo son esenciales para lograr objetivos de marketing, como aumentar las ventas o lanzar un nuevo producto.

¿Cómo pueden los profesionales del marketing desarrollar sus habilidades de comunicación y trabajo en equipo?

Hay muchas maneras de desarrollar las habilidades de comunicación y trabajo en equipo, como:

Practicar la comunicación: Hay muchas maneras de practicar la comunicación, como escribir artículos, dar presentaciones o participar en conversaciones con otras personas.
Trabajar en equipo: Hay muchas oportunidades para trabajar en equipo en el lugar de trabajo, como participar en proyectos de equipo o colaborar con otros departamentos.
Tomar cursos o talleres: Hay muchos cursos y talleres disponibles para mejorar las habilidades de comunicación y trabajo en equipo.

Las habilidades de comunicación y trabajo en equipo son dos de las habilidades más importantes para el marketing actual. Las empresas que quieren tener éxito en el mercado competitivo actual necesitan invertir en el desarrollo de las habilidades de comunicación y trabajo en equipo de sus profesionales del marketing.

Adaptabilidad al cambio y aprendizaje continuo

El mundo del marketing está en constante cambio. Las nuevas tecnologías, las nuevas tendencias de consumo y la competencia global exigen que los profesionales del marketing sean adaptables y estén dispuestos a aprender continuamente. Deben ser capaces de mantenerse al día con las últimas tendencias y tecnologías para seguir siendo relevantes en el mercado.

En este capítulo, analizaremos en detalle la importancia de la adaptabilidad al cambio y el aprendizaje continuo en el marketing.

Abordaremos las siguientes preguntas:

¿Qué es la adaptabilidad al cambio y el aprendizaje continuo?
¿Por qué son importantes la adaptabilidad al cambio y el aprendizaje continuo en el marketing?
¿Cómo pueden los profesionales del marketing desarrollar su adaptabilidad al cambio y aprendizaje continuo?

¿Qué es la adaptabilidad al cambio y el aprendizaje continuo?

La adaptabilidad al cambio es la capacidad de adaptarse a los cambios en el entorno y en las circunstancias. El aprendizaje continuo es el proceso de adquirir nuevos conocimientos y habilidades de forma constante.

¿Por qué son importantes la adaptabilidad al cambio y el aprendizaje continuo en el marketing?

La adaptabilidad al cambio y el aprendizaje continuo son importantes en el marketing porque permiten a las empresas:

Mantenerse al día con las últimas tendencias: El mundo del marketing está en constante cambio, por lo que las empresas necesitan ser capaces de adaptarse a las nuevas tendencias para seguir siendo competitivas.
Aprender de los errores: Los errores son inevitables, pero las empresas que aprenden de sus errores pueden mejorar su rendimiento.
Innovar: La adaptabilidad al cambio y el aprendizaje continuo pueden ayudar a las empresas a desarrollar nuevas ideas y soluciones.

¿Cómo pueden los profesionales del marketing desarrollar su adaptabilidad al cambio y aprendizaje continuo?

Hay muchas maneras de desarrollar la adaptabilidad al cambio y el aprendizaje continuo, como:

Leer libros y artículos sobre marketing: Hay muchos libros y artículos disponibles que pueden ayudar a los profesionales del marketing a mantenerse al día con las últimas tendencias y tecnologías.

Asistir a conferencias y eventos de marketing: Las conferencias y eventos de marketing son una excelente manera de aprender sobre las últimas tendencias y tecnologías, y de establecer contactos con otros profesionales del marketing.

Experimentar: No hay que tener miedo a experimentar y probar cosas nuevas.

La adaptabilidad al cambio y el aprendizaje continuo son dos de las habilidades más importantes para el marketing actual. Las empresas que quieren tener éxito en el mercado competitivo actual necesitan invertir en el desarrollo de la adaptabilidad al cambio y el aprendizaje continuo de sus profesionales del marketing.

ÉTICA Y RESPONSABILIDAD SOCIAL EN EL MARKETING

El marketing tiene un impacto significativo en la sociedad y el medio ambiente. Las empresas que operan en el mercado global actual tienen la responsabilidad de actuar de manera ética y responsable. En este capítulo, analizaremos en detalle los tres pilares de la ética y responsabilidad social en el marketing:

Impacto social y ambiental del marketing: Las empresas deben ser conscientes del impacto que sus productos y servicios tienen en la sociedad y el medio ambiente. Deben tomar medidas para minimizar su impacto negativo y maximizar su impacto positivo.

Publicidad responsable y transparente: La publicidad debe ser veraz, no engañosa y no discriminatoria. Las empresas deben ser transparentes en sus prácticas de marketing y publicidad.

Protección de datos de los consumidores: Las empresas deben proteger los datos de los consumidores de manera responsable. Deben ser transparentes en cómo recopilan, utilizan y comparten los datos de los consumidores.

En este capítulo, exploraremos en detalle cada uno de estos pilares y proporcionaremos ejemplos de cómo las empresas pueden actuar de manera ética y responsable. También analizaremos los desafíos que enfrentan las empresas al intentar implementar prácticas de marketing éticas y responsables.

Impacto social y ambiental del marketing

Las empresas tienen la responsabilidad de ser conscientes del impacto que sus productos y servicios tienen en la sociedad y el medio ambiente. El marketing juega un papel fundamental en este sentido, ya que es la herramienta que las empresas utilizan para comunicar sus productos y servicios al público.

En este capítulo, analizaremos en detalle el impacto social y ambiental del marketing. Abordaremos las siguientes preguntas:

¿Qué es el impacto social y ambiental del marketing?
¿Por qué es importante que las empresas sean conscientes del impacto social y ambiental de su marketing?
¿Cómo pueden las empresas minimizar su impacto social y ambiental negativo?
¿Cómo pueden las empresas maximizar su impacto social y ambiental positivo?

¿Qué es el impacto social y ambiental del marketing?

El impacto social del marketing se refiere a los efectos que el marketing tiene en la sociedad, como la salud, la educación, la igualdad y la cultura. El impacto ambiental del marketing se refiere a los efectos que el marketing tiene en el medio ambiente, como la contaminación, el cambio climático y el uso de recursos naturales.

¿Por qué es importante que las empresas sean conscientes del impacto social y ambiental de su marketing?

Las empresas deben ser conscientes del impacto social y

ambiental de su marketing porque:

Es lo correcto: Las empresas tienen la responsabilidad de actuar de manera ética y responsable.
Es bueno para el negocio: Las empresas que son conscientes del impacto social y ambiental de su marketing pueden mejorar su reputación, aumentar la confianza de los consumidores y atraer a nuevos clientes.
Es necesario para el futuro del planeta: El cambio climático y otras amenazas ambientales son una realidad que las empresas no pueden ignorar.

¿Cómo pueden las empresas minimizar su impacto social y ambiental negativo?

Las empresas pueden minimizar su impacto social y ambiental negativo de muchas maneras, como:

Desarrollar productos y servicios sostenibles: Las empresas pueden desarrollar productos y servicios que sean respetuosos con el medio ambiente y que tengan un impacto social positivo.
Utilizar prácticas de marketing responsables: Las empresas pueden utilizar prácticas de marketing responsables, como la publicidad veraz y no engañosa, y la protección de datos de los consumidores.
Apoyar causas sociales y ambientales: Las empresas pueden apoyar causas sociales y ambientales a través de donaciones, patrocinios o voluntariado.

¿Cómo pueden las empresas maximizar su impacto social y ambiental positivo?

Las empresas pueden maximizar su impacto social y ambiental positivo de muchas maneras, como:

Comercializar productos y servicios que tengan un impacto social positivo: Las empresas pueden comercializar productos

y servicios que ayuden a resolver problemas sociales, como la pobreza, la desigualdad o la falta de educación.
Utilizar el marketing para promover causas sociales y ambientales: Las empresas pueden utilizar el marketing para promover causas sociales y ambientales, como la lucha contra el cambio climático o la protección de la biodiversidad.
Ser transparentes en sus prácticas de marketing: Las empresas pueden ser transparentes en sus prácticas de marketing para que los consumidores puedan tomar decisiones informadas sobre qué productos y servicios comprar.
En conclusión, las empresas tienen la responsabilidad de ser conscientes del impacto social y ambiental de su marketing. Al tomar medidas para minimizar su impacto negativo y maximizar su impacto positivo, las empresas pueden contribuir a un mundo más justo y sostenible.

Publicidad responsable y transparente

La publicidad es una herramienta poderosa que puede ser utilizada para informar, persuadir y entretener al público. Sin embargo, la publicidad también puede ser utilizada de manera irresponsable y engañosa. En este capítulo, analizaremos la importancia de la publicidad responsable y transparente.

Abordaremos las siguientes preguntas:

¿Qué es la publicidad responsable y transparente?
¿Por qué es importante la publicidad responsable y transparente?
¿Cómo pueden las empresas ser más responsables y transparentes en su publicidad?
¿Cuáles son los desafíos de la publicidad responsable y transparente?

¿Qué es la publicidad responsable y transparente?

La publicidad responsable es aquella que es veraz, no engañosa y no discriminatoria. La publicidad transparente es aquella en la que las empresas son claras sobre sus productos, servicios y prácticas de marketing.

¿Por qué es importante la publicidad responsable y transparente?

La publicidad responsable y transparente es importante porque:

Protege a los consumidores: La publicidad responsable y transparente ayuda a proteger a los consumidores de ser engañados o estafados.
Promueve la competencia justa: La publicidad responsable y transparente ayuda a promover la competencia justa entre las empresas.
Fomenta la confianza en las empresas: La publicidad responsable y transparente ayuda a fomentar la confianza en las empresas.

¿Cómo pueden las empresas ser más responsables y transparentes en su publicidad?

Las empresas pueden ser más responsables y transparentes en su publicidad de muchas maneras, como:

Realizar investigaciones de mercado: Las empresas deben realizar investigaciones de mercado para comprender las necesidades y deseos de sus clientes.
Desarrollar mensajes publicitarios claros y precisos: Los mensajes publicitarios deben ser claros, precisos y no engañosos.
Evitar la publicidad discriminatoria: La publicidad no debe discriminar a ningún grupo de personas.
Ser transparentes en sus prácticas de marketing: Las empresas deben ser transparentes en sus prácticas de marketing, como la forma en que recopilan y utilizan los datos de los consumidores.

¿Cuáles son los desafíos de la publicidad responsable y transparente?

Existen algunos desafíos para la publicidad responsable y transparente, como:

El costo: La publicidad responsable y transparente puede ser más costosa que la publicidad irresponsable y no transparente.
La competencia: Las empresas pueden verse tentadas a utilizar prácticas de marketing irresponsables y no transparentes para competir con sus rivales.
La regulación: La regulación de la publicidad puede ser compleja y difícil de aplicar.

A pesar de los desafíos, la publicidad responsable y transparente es esencial para un mercado justo y competitivo. Las empresas que se comprometen con la publicidad responsable y transparente pueden construir relaciones de confianza con sus clientes y generar un impacto positivo en la sociedad.

Protección de datos de los consumidores

En la era digital, la protección de datos de los consumidores es un tema de vital importancia. Las empresas recopilan una gran cantidad de datos sobre sus clientes, como sus nombres, direcciones, correos electrónicos, hábitos de compra e información financiera. Es crucial que las empresas protejan estos datos de manera responsable y transparente.

En este capítulo, analizaremos en detalle la protección de datos de los consumidores. Abordaremos las siguientes preguntas:

¿Qué es la protección de datos de los consumidores?
¿Por qué es importante la protección de datos de los consumidores?
¿Cómo pueden las empresas proteger los datos de los consumidores de manera responsable?
¿Cuáles son los desafíos de la protección de datos de los consumidores?

¿Qué es la protección de datos de los consumidores?

La protección de datos de los consumidores se refiere a las medidas que las empresas toman para proteger la información personal de sus clientes. Estas medidas incluyen:

Recopilar solo los datos necesarios: Las empresas solo deben recopilar los datos que sean necesarios para sus fines comerciales.
Almacenar los datos de forma segura: Las empresas deben almacenar los datos de los consumidores de forma segura para evitar accesos no autorizados.
Eliminar los datos de forma segura: Las empresas deben eliminar los datos de los consumidores de forma segura cuando ya no sean necesarios.
Ser transparentes en cómo se utilizan los datos: Las empresas deben ser transparentes en cómo recopilan, utilizan y comparten los datos de los consumidores.

¿Por qué es importante la protección de datos de los consumidores?

La protección de datos de los consumidores es importante porque:

Protege la privacidad de los consumidores: La protección de datos de los consumidores ayuda a proteger la privacidad de los consumidores y a evitar que sus datos sean utilizados de forma indebida.
Fomenta la confianza en las empresas: La protección de datos de los consumidores ayuda a fomentar la confianza en las empresas.
Cumple con la ley: Las empresas están obligadas a cumplir con las leyes de protección de datos.

¿Cómo pueden las empresas proteger los datos de los consumidores de manera responsable?

Las empresas pueden proteger los datos de los consumidores de manera responsable de muchas maneras, como:

Implementar políticas de privacidad: Las empresas deben implementar políticas de privacidad que sean claras y fáciles de entender.
Ofrecer a los consumidores opciones sobre cómo se utilizan sus datos: Las empresas deben ofrecer a los consumidores opciones sobre cómo se utilizan sus datos, como la posibilidad de optar por no recibir comunicaciones de marketing.
Utilizar medidas de seguridad técnicas y organizativas: Las empresas deben utilizar medidas de seguridad técnicas y organizativas para proteger los datos de los consumidores.
Capacitar a sus empleados sobre la protección de datos: Las empresas deben capacitar a sus empleados sobre la importancia de la protección de datos.

¿Cuáles son los desafíos de la protección de datos de los consumidores?

Existen algunos desafíos para la protección de datos de los consumidores, como:

La complejidad de las leyes de protección de datos: Las leyes de protección de datos pueden ser complejas y difíciles de entender.
El rápido ritmo de la tecnología: El rápido ritmo de la tecnología puede dificultar que las empresas mantengan sus medidas de seguridad actualizadas.
La falta de conocimiento de los consumidores: Muchos consumidores no son conscientes de los riesgos asociados con la recopilación y el uso de sus datos personales.

A pesar de los desafíos, la protección de datos de los consumidores es una responsabilidad fundamental de las empresas. Al proteger los datos de los consumidores de manera responsable, las empresas pueden construir relaciones de confianza con sus clientes y generar un impacto positivo en la sociedad.

EJEMPLOS Y CASOS DE ESTUDIO

En este capítulo, se incluirán ejemplos y casos de estudio relevantes para ilustrar los conceptos y estrategias discutidas en el libro. Los ejemplos y casos de estudio estarán relacionados con las diferentes áreas del marketing, como la segmentación del mercado, el desarrollo de productos, la gestión de marca, la comunicación y la distribución.

Algunos ejemplos de temas que se podrían abordar en este capítulo son:

- Ejemplos de empresas que han implementado estrategias de marketing exitosas.
- Casos de estudio de empresas que han enfrentado desafíos de marketing.
- Análisis de campañas de marketing exitosas y fallidas.
- Ejemplos de cómo las empresas utilizan las nuevas tecnologías para el marketing.

Ejemplos de empresas que han implementado estrategias de marketing exitosas

En este capítulo, analizaremos algunos ejemplos de empresas que han implementado estrategias de marketing exitosas.

1. Coca-Cola: "Comparte una Coca-Cola"

En 2011, Coca-Cola lanzó la campaña "Comparte una Coca-Cola" en Australia. La campaña reemplazó el logotipo de la marca en las botellas con nombres populares. La campaña fue un éxito rotundo, lo que llevó a un aumento del 8% en las ventas. La campaña se extendió a más de 80 países y se considera una de las campañas de marketing más exitosas de la historia.

2. Nike: "Just Do It"

El eslogan "Just Do It" de Nike es uno de los más reconocidos del mundo. La campaña, que comenzó en 1988, presenta a atletas famosos y personas comunes que superan sus límites. La campaña ha inspirado a millones de personas a participar en el deporte y ha convertido a Nike en una de las marcas de ropa deportiva más populares del mundo.

3. Apple: "Think Different"

La campaña "Think Different" de Apple se lanzó en 1997 y presentaba a figuras inspiradoras como Albert Einstein, Martin Luther King Jr. y John Lennon. La campaña posicionó a Apple como una marca innovadora y diferente al resto. La campaña ha sido un éxito rotundo y ha contribuido a convertir a Apple en una de las marcas más valiosas del mundo.

4. Dove: "Real Beauty"

La campaña "Real Beauty" de Dove se lanzó en 2004 y desafió los estándares de belleza tradicionales al presentar a mujeres de diferentes edades, razas y tipos de cuerpo. La campaña ha sido un éxito rotundo y ha contribuido a aumentar la autoestima de las mujeres en todo el mundo.

5. Airbnb: "Belong Anywhere"

La campaña "Belong Anywhere" de Airbnb se lanzó en 2014 y se centra en la idea de que las personas pueden sentirse como en casa en cualquier lugar del mundo. La campaña presenta historias de personas que han viajado a diferentes lugares y se han conectado con la comunidad local. La campaña ha sido un éxito rotundo y ha contribuido a convertir a Airbnb en una de las plataformas de alojamiento más populares del mundo.

Estos son solo algunos ejemplos de empresas que han implementado estrategias de marketing exitosas. Al analizar estas estrategias, podemos aprender valiosas lecciones sobre cómo crear campañas de marketing que sean efectivas y memorables.

Casos de estudio de empresas que han enfrentado desafíos de marketing

En este capítulo, analizaremos casos de estudio de empresas que han enfrentado desafíos de marketing.

1. Netflix: El cambio de modelo de negocio

Netflix comenzó como un servicio de alquiler de DVD por correo. Sin embargo, con la llegada del streaming, Netflix se vio obligada a cambiar su modelo de negocio. La empresa tuvo que hacer frente a la competencia de nuevos actores como Hulu y Amazon Prime Video. Netflix logró superar este desafío al invertir en contenido original y exclusivo, como "Stranger Things" y "The Crown".

2. Starbucks: La crisis de imagen

En 2018, Starbucks se vio envuelta en una crisis de imagen después de que dos empleados negros fueran arrestados en una de sus tiendas en Filadelfia. La empresa se vio obligada a cerrar sus tiendas por un día para realizar una capacitación sobre sesgo racial. Starbucks ha logrado superar este desafío al implementar nuevas políticas de diversidad e inclusión.

3. Volkswagen: El escándalo de las emisiones

En 2015, Volkswagen se vio envuelta en un escándalo después de que se descubrió que la empresa había estado manipulando las emisiones de sus vehículos diésel. La empresa se vio obligada a pagar miles de millones de dólares en multas y a retirar millones de vehículos del mercado. Volkswagen ha logrado superar este desafío al invertir en vehículos eléctricos y al implementar nuevas medidas de control de calidad.

4. Uber: Los problemas regulatorios

Uber ha enfrentado problemas regulatorios en varios países debido a su modelo de negocio. La empresa ha sido criticada por la falta de seguridad de sus conductores, la explotación de sus trabajadores y la competencia desleal con los taxis tradicionales. Uber ha logrado superar algunos de estos desafíos al mejorar la seguridad de sus conductores, al ofrecer mejores condiciones de trabajo a sus trabajadores y al colaborar con los gobiernos locales.

5. Facebook: La fuga de datos

En 2018, Facebook se vio envuelta en un escándalo después de que se descubrió que la empresa había permitido que la empresa Cambridge Analytica recopilara datos personales de millones de usuarios sin su consentimiento. La empresa se vio obligada a pagar una multa de 5 mil millones de dólares y a implementar nuevas medidas de seguridad de datos. Facebook ha logrado superar este desafío al mejorar la transparencia de sus políticas de datos y al ofrecer a los usuarios más control sobre sus datos personales.

Estos son solo algunos ejemplos de empresas que han enfrentado desafíos de marketing. Al analizar estos casos de estudio, podemos aprender valiosas lecciones sobre cómo superar las dificultades y convertirlas en oportunidades.

Análisis de campañas de marketing exitosas y fallidas

En este capítulo, analizaremos ejemplos de campañas de marketing exitosas y fallidas.

Campañas exitosas:

Burger King: "Whopper Detour"

En 2019, Burger King lanzó la campaña "Whopper Detour" en Brasil. La campaña utilizó la tecnología de geolocalización para ofrecer a los usuarios un Whopper con un descuento del 50% si se desviaban de su ruta hacia un restaurante de McDonald's. La campaña fue un éxito rotundo y generó un aumento del 38% en las ventas de Whopper.

M&M's: "I Will Survive"

En 2016, M&M's lanzó una campaña publicitaria con el tema de la canción "I Will Survive" de Gloria Gaynor. La campaña presentaba a los M&M's siendo eliminados de diferentes maneras, pero siempre volviendo. La campaña fue un éxito rotundo y generó un gran interés en la marca.

GoPro: "Redefine Adventure"

En 2017, GoPro lanzó la campaña "Redefine Adventure". La campaña presentaba a personas de diferentes edades y habilidades realizando actividades extremas con cámaras GoPro. La campaña fue un éxito rotundo y generó un aumento del 25% en las ventas de GoPro.

Campañas fallidas:

Pepsi: "Kendall Jenner"

En 2017, Pepsi lanzó una campaña publicitaria con Kendall Jenner. La campaña fue criticada por trivializar las protestas sociales y por utilizar a una celebridad blanca para representar un movimiento que es principalmente liderado por personas de color.

H&M: "Mono con capucha"

En 2018, H&M lanzó una campaña publicitaria con un niño negro con un mono con capucha que decía "El mono más genial de la jungla". La campaña fue criticada por ser racista y por promover estereotipos negativos sobre los negros.

Adidas: "Impossible is Nothing"

En 2017, Adidas lanzó la campaña "Impossible is Nothing" con motivo del Día Internacional de la Mujer. La campaña fue criticada por no incluir a mujeres deportistas de talla grande o con discapacidades.

Al analizar estas campañas, podemos aprender valiosas lecciones sobre cómo crear campañas de marketing que sean efectivas y responsables.

Ejemplos de cómo las empresas utilizan las nuevas tecnologías para el marketing

En este capítulo, analizaremos algunos ejemplos de cómo las empresas utilizan las nuevas tecnologías para el marketing en la vida real.

Redes sociales:

Starbucks: Starbucks utiliza las redes sociales para conectar con sus clientes y generar interés en sus productos. La empresa tiene una presencia activa en las principales plataformas de redes sociales, como Facebook, Twitter e Instagram. Starbucks también utiliza las redes sociales para compartir contenido, interactuar con los clientes y realizar concursos y promociones.
Ejemplo: Starbucks lanzó una campaña en Twitter en la que animaba a los clientes a compartir fotos de sus bebidas con el hashtag #StarbucksLove. La campaña fue un éxito rotundo y generó una gran cantidad de engagement en las redes sociales.

Nike: Nike utiliza las redes sociales para conectar con sus clientes y generar interés en sus productos. La empresa tiene una presencia activa en las principales plataformas de redes sociales, como Facebook, Twitter e Instagram. Nike también utiliza las redes sociales para compartir contenido, interactuar con los clientes y realizar concursos y promociones.
Ejemplo: Nike lanzó una campaña en Instagram en la que animaba a los clientes a compartir fotos de sus zapatillas con el hashtag #JustDoIt. La campaña fue un éxito rotundo y generó una gran cantidad de engagement en las redes sociales.

Marketing de influencers:

Coca-Cola: Coca-Cola ha colaborado con influencers en las redes sociales para promocionar sus productos. La empresa ha trabajado con influencers en una variedad de campañas, incluyendo la campaña "Share a Coke".
Ejemplo: Coca-Cola colaboró con el influencer Chiara Ferragni en la campaña "Share a Coke". La campaña fue un éxito rotundo y generó un gran aumento en las ventas de Coca-Cola.

L'Oréal: L'Oréal ha colaborado con influencers en las redes sociales para promocionar sus productos. La empresa ha trabajado con influencers en una variedad de campañas, incluyendo la campaña "True Match".

Ejemplo: L'Oréal colaboró con la influencer NikkieTutorials en la campaña "True Match". La campaña fue un éxito rotundo y generó un gran aumento en las ventas de los productos True Match de L'Oréal.

Realidad aumentada y realidad virtual:

IKEA: IKEA ha utilizado la realidad aumentada para permitir a los clientes visualizar cómo se verían sus muebles en sus hogares. La empresa ha desarrollado una aplicación de AR que permite a los clientes escanear su habitación y colocar muebles virtuales en ella.
Ejemplo: Un cliente de IKEA puede utilizar la aplicación de AR para escanear su sala de estar y colocar un sofá virtual en ella. Esto le permite al cliente ver cómo se vería el sofá en su espacio antes de comprarlo.

Sephora: Sephora ha utilizado la realidad aumentada para permitir a los clientes probarse diferentes productos de maquillaje virtualmente. La empresa ha desarrollado una aplicación de AR que permite a los clientes escanear su rostro y aplicar diferentes productos de maquillaje virtuales.
Ejemplo: Una clienta de Sephora puede utilizar la aplicación de AR para escanear su rostro y probarse diferentes colores de lápiz labial virtualmente. Esto le permite a la clienta ver cómo se vería el lápiz labial en ella antes de comprarlo.

Inteligencia artificial:

Netflix: Netflix utiliza la inteligencia artificial para recomendar películas y series a sus usuarios. La empresa utiliza un algoritmo de IA para analizar el historial de visualización de los usuarios y recomendarles contenido que puedan interesarles.
Ejemplo: Un usuario de Netflix puede ver una película de acción. El algoritmo de IA de Netflix analizará esta información y recomendará otras películas de acción al usuario.

Amazon: Amazon utiliza la inteligencia artificial para recomendar productos a sus usuarios. La empresa utiliza un algoritmo de IA para analizar el historial de compras de los usuarios y recomendarles productos que puedan interesarles.

Ejemplo: Un usuario de Amazon puede comprar un libro sobre cocina. El algoritmo de IA de Amazon analizará esta información y recomendará otros libros sobre cocina al usuario.

Estos son solo algunos ejemplos de cómo las empresas están utilizando las nuevas tecnologías para el marketing. Las nuevas tecnologías ofrecen a las empresas una gran cantidad de oportunidades para llegar a sus clientes potenciales y generar interés en sus productos y servicios. Las empresas que utilizan las nuevas tecnologías de forma eficaz estarán mejor posicionadas para tener éxito en el mercado actual.

Epílogo: El futuro del marketing

El marketing es un campo en constante evolución. Las nuevas tecnologías, las tendencias del consumidor y las demandas del mercado global exigen que las empresas se adapten y reinventen sus estrategias constantemente.

En este epílogo, reflexionaremos sobre las tendencias que marcarán el futuro del marketing y cómo las empresas pueden prepararse para este nuevo panorama.

1. La era del marketing personalizado e inteligente:

El Big Data y la inteligencia artificial (IA) permiten a las empresas comprender mejor a sus clientes y ofrecer experiencias personalizadas. La segmentación precisa, la automatización del marketing y la creación de contenido personalizado serán claves para el éxito.

2. La experiencia como centro del marketing:

Los consumidores buscan experiencias memorables y únicas que van más allá del producto o servicio. El marketing experiencial, el storytelling y la creación de comunidades serán esenciales para conectar con las emociones del público.

3. El auge del marketing social y responsable:

Las empresas que se preocupan por el impacto social y ambiental de sus actividades tendrán una ventaja competitiva. La transparencia, la ética y la responsabilidad serán pilares fundamentales del marketing del futuro.

4. La omnicanalidad como estrategia integral:

Los consumidores utilizan diversos canales para interactuar con las marcas. Las empresas deben ofrecer una experiencia fluida e integrada en todos los canales, desde el online hasta el offline.

5. La importancia de la medición y el análisis:

El análisis de datos es fundamental para evaluar el éxito de las estrategias de marketing y tomar decisiones estratégicas. La medición del ROI (retorno de la inversión) y el uso de herramientas de análisis serán claves para optimizar las campañas.

Preparación para el futuro:

Las empresas que deseen prosperar en el futuro del marketing deben:

Invertir en tecnología: Implementar herramientas de Big Data, IA y automatización para obtener información valiosa y optimizar las estrategias.
Cultivar la creatividad: Desarrollar ideas innovadoras y experiencias únicas que conecten con las emociones del público.
Adoptar una cultura de aprendizaje continuo: Mantenerse al día con las últimas tendencias del mercado y las tecnologías emergentes.
Ser responsables y transparentes: Actuar de forma ética y responsable, teniendo en cuenta el impacto social y ambiental de las actividades.
Enfocarse en la medición y el análisis: Medir el ROI de las estrategias de marketing y tomar decisiones basadas en datos.

El futuro del marketing es un camino lleno de oportunidades para las empresas que se adapten a las nuevas tendencias y necesidades del mercado. La innovación, la creatividad, la responsabilidad y la medición serán los pilares del éxito en este nuevo panorama.

Este libro ha explorado los diferentes aspectos del marketing, desde su historia y evolución hasta las últimas tendencias y estrategias. Esperamos que esta información te haya sido útil para comprender mejor este campo y te haya inspirado a desarrollar estrategias de marketing exitosas.

www.ingramcontent.com/pod-product-compliance
Lightning Source LLC
Chambersburg PA
CBHW070353230526
45471CB00006B/2544